AF598801

El jardín de los azahares

SEBASTIÁN USINGER

Aliarediciones

Corrección: Eladia Guerrero
Diseño de cubierta: Jaime Galisteo
Maquetación: Aliar Ediciones

Depósito Legal: GR 1279-2024
ISBN: 978-84-10374-63-8

Impreso en España

Edita
ALIAR Ediciones
www.aliarediciones.es
info@aliarediciones.es

El jardín de los azahares

SEBASTIÁN USINGER

Dedicado a Lucía Usinger

PRÓLOGO

Este libro, *El jardín de los azahares*, deambula por las galerías circulares y pasadizos de mi mente, estos ejercicios a través de mí ejecutados y donde habitan varias partes de mi conciencia, varias manos y estilos. Como todo aquello que el éter del universo circunda y es entregado a cada ser para ser devuelto en perfecta reciprocidad. Pueden encontrarse en estos textos distancias preconcebidas, tal vez alguna verdad o razón de mi amor y asombro por lo que hoy me rodea, mi presente. Como un espejismo casual o un recuerdo que al futuro se brindará como pasado, todo lo que aquí se entrega se asemeja a un infantil juego de palabras, un despojo de cualquier quietud; como un signo leve del batir de mis alas, del andar de mis pasos. Adentrarse en estos senderos para mí fue vital, observar la belleza que me rodea y devorar sus frutos con avidez. Te entrego este jardín provisto de vida para que te adentres en él sin miedo y te empapes con una brisa de libertad y azahares, embriagada en ocasiones por una enigmática melancolía. Para avanzar por los senderos de estas páginas siguiendo el rastro que dejan las huellas de tinta en el blanco camino, que en él sean verdad y testigo.

Enero 2024. Granada, España
S.U.

POEMAS

SUR

Un nuevo cauce.

Las raíces arañan la tierra,
llenan de compás este embrujado sur.

Sur.

Cisne verde.

Golpes en la fragua,
pasos de polvo y trigo;
voces que surcan los ecos del tiempo.

Sur.

Hoy renace en ti el arte,
tierra gitana
de humo y viento.

Sur.

EL JARDÍN DE LOS AZAHARES

No quiero que se marchite mi alma
como se marchitan las flores,
quiero ser hoja libre flotando en el agua,
lucero blanco parpadeando en la Vía Láctea.

No quiero ser un camino de cemento.
¡Aceituna verde!
Quiero renacer en primavera,
ser encinas, naranjos, almendros;
vivir en el vuelo de las aves
niños vestidos de gaviotas.

Quiero ser la razón que desdice la duda,
el espejo de cada mirada encendida,
la inmensidad que recorren los pasos,
sangrar cada ápice de la vida vivida.

No quiero ser atardecer sin besos ni vivencia sin fuego,
el más precioso regalo
fue encontrarme y perderme,
de mi destino y su vientre
de tiempo y amor;
arena en el reloj de arena.

ERES

Eres:

Corriente en el río
vendaval en los bosques
madera ardiente en el fuego.

Perdón en mis labios
serenidad sin esquinas
arrabal de libélulas.

Campo fecundo en mis manos
hojarasca en otoño
vuelo de libres gaviotas.

Octavo día sin nombre
la humanidad en ti
que más amo.

GRANADA

Aprendí de memoria una a una las partes
de tu cuerpo,
supe andar descalzo y a ciegas por tus callejones y esquinas,
abrir los ojos de mi conciencia y allí verte; murmurar tu nombre,
expandirme salvaje en tus atardeceres calmos.

Aprendí a mirarte en tus ventanas blancas,
en tus puertas azules,
en tus calles de piedras gastadas,
en los azahares de tu boca cristalina.

Me enredé en tu pelo de luna y guitarra,
tras los montes, las acequias y los jazmines blancos,
te encontré mirándome detrás de los espejos,
entre los atávicos silencios de la memoria.

Caminando las calles del tiempo
fecunda, misteriosa y rauda,
habitas donde los viajeros se pierden
encandilados por tu belleza mora y gitana.

Granada, Granada, Granada,
tu nombre explota en cada rincón de mi alma,
el desierto se puebla de peces y aves,
tu cielo constelado me trae de regreso a casa.

LIBRO UTOPÍAS

Libro utopías con la cotidianidad de los días
y la trivialidad de las cosas,
con la formalidad decadente de saco y corbata,
con la perfección minuciosa de cada detalle.
Libro utopías con los andares rectos de regreso a casa,
con la militancia del pobre alentado derechas,
con la ignorancia del rico regalando las sobras.
Libro utopías con el rencor blanquecino
sin rincones ni esquinas,
con las devotas normas que decretan las leyes,
que encarcelan los pájaros y vacían los parques.
Libro utopías con las miradas encerradas en cajas de zapatos,
con el anillo y el contrato de los recién casados,
con las cadenas que forjaron esta globalización
encarnizada.
Libro utopías con los que me besan la frente
y me apuñalan la espalda,
con el pragmático dogma de las ciencias exactas,
con el poema que se empeña en perdurar en el viento.
Libro utopías con palabras mudas hijas del tiempo,
el amor y el destino,
con los silencios del luto y los ruiseñores de plumaje dorado,
con el fruto del vientre y el idealismo abnegado.
En fin, libro utopías
porque las batallas se perdieron
en las trincheras del raciocinio,

porque acaricio tus manos y el perfume de tu cuello
aún huele a azahares,
porque el fruto de tu vientre sabe a libertario pecado
y tu desnudez trémula me aleja de este mundo cuadriculado.
Libro utopías porque las batallas ya las he librado
contra el pragmatismo, la rendición y las rejas,
contra los atávicos miedos y los fantasmitas del pasado;
libro utopías.

A MI PAMPA

A mi Pampa de ojos verdes y labios de charco,
hija de conquistas y olvidos,
en tu sangre de río confluyen las voces de niños dormidos.

A los dos lados del Atlántico padecemos los mismos,
ayer me trepaba intrépido a tu árbol de sueños,
hoy que te traigo en mis manos llenas de libros.

Yo que he sido ese migrante latido en el aire,
ese oír por los ojos,
hablar por las manos,
luz al mirar en el vuelo sombrío.

A ti, Pampa, país de colores entre luces y sombras,
arriero salvaje entre valles y esquinas,
trigales vistiendo de ocres espigas los campos,
amasando el pan de la vida.

Si el mundo estuviese al revés tu boca besaría los cielos
y esta herida que nos pertenece a los dos sanaría,
estos sesenta millones de quimeras gritarían su verdad,
este abrazo nostálgico, entre orquídeas y amor.

A ti llegaría.

POBLADORES PERDIDOS

Aquí nos encontramos,
pobladores de un mundo perdido en el cosmos,
encadenados por los eslabones de un tiempo pérfido en azahares,
habitados y deshabitados seres sintientes,
paisajes en cuerpos desnudos de salvia, tomillo y retama.

¿Seremos acaso tres luceros parpadeando en la inmensa noche?
¿Seremos tal vez miles de pájaros volando libres en los cielos
de la otra galaxia?

Mientras los pasos prosigan desquebrajando las hojas,
y los abrazos cobijen los húmedos huecos del alma,
seremos nosotros;
los mismos que murieron y nacieron del beso,
del deseo y las llamas.

Hoy que el agua envuelve los bosques ardientes y sabios,
como gritos salvadores en el eco de antiguas voces,
para que nosotros hijos del viento despertemos.

¿Quién soy yo para juzgar la vida con estos ojos humanos?
¿Quién es la vida para disponer de mis horas?

Confluyendo entre la contemplación y la prisa
solo quedan las sonrisas balsámicas y profanas,
la confianza, ese idioma creado a retazos por nosotros.

SER LIBRE

Cantar en el canto de los que cantan
volar en el vuelo de los que vuelan
ser tinta en el papel o huellas haciendo camino
mirada en el horizonte.

Repudio ante el horror
oasis en el desierto del hambre
azules, violetas y naranjas al despuntar el alba
complicidad en el cálido abrazo de los amantes.

Bandera blanca y desafiante ante la guerra
transatlántico navío en mar de la conciencia
paloma mensajera en el cielo de una botella
hipótesis ante las más necias certezas.

Patria para los pies inmigrantes sin tierra
viento sacudiendo las nubes viajeras
vivir intensamente en cada día de la vida
pétalo ensangrentado ofreciéndose al cautivo fuego.

A FEDERICO

(Granada, 12 de enero de 2023)

Aquí te encuentro, Federico,
entre cipreses y bosques calmos,
lejos queda el incendio de tus manos de terciopelo blanco;
siento mil golondrinas aleteando en mi pecho,
trazando un rumbo errante,
hoy aquí en mis huesos de árbol.

Si tú fueses yo qué dirías;
hoy que detrás de las cortinas
asoma tu mirada,
galopando en el éxodo del tiempo,
este silencio lo envuelve todo a su paso;
tu piano, tu ángel de alas de seda,
el arado arañando la tierra;
cada ápice, cada rincón lejano,
hoy de ti todo se puebla.

El café está servido en la mesa,
la mantilla de croché deshilachada;
las glorietas bifurcando
los caminos de polvo y trigo,
hoy que tus palabras renacen libertarias,
los niños que ayer jugaban han envejecido;

injustamente, Federico,
el amor ha claudicado.
El sol sigue arañando este invierno,
los pajarillos siguen anidando sobre los tejados,
tu recuerdo envuelve todo lo tierno,
mis alas han venido hasta ti,
y al volar nos encontramos.

Puedo sentirte en el último día,
en el último aliento,
en el fogonazo de la barbarie;
los pasos ensangrentados mancharon los naranjos,
las barcas errantes
visten de lunares las marismas desnudas,
tus pasos, Federico, trascendieron sus pasos.

ODA AL TIEMPO

Tiempo escondido en el tictac de los relojes,
en la vorágine de las hojas comandadas por el viento,
en los pasos que suben y bajan escaleras.

Tiempo que se esconde detrás de los espejos,
en la mirada de estos ojos adoctrinados por años,
arena que se escurre en los desiertos del alma.

Tiempo que acompaña los acompasados semáforos,
el latir del aguacero,
el frenesí de los amantes.

Tiempo incombustible e impertinente que se dibuja
en la sonrisa de los niños,
intransferible e incompatible con las pasiones humanas.

Tiempo en el pulsar de guitarra,
en el soneto del que otorga,
en el canto embrujado de las gitanas.

Tiempo que transcurre en las ciudades y los campos,
en el desesperado grito,
en el canto de la alondra.

Tiempo circular, vengativo e indiferente.
¿Por qué te posas en mis hombros?,
reclamando distancias.

Tiempo fino, tejido de hilo traslúcido,
hijo de vicisitudes y mudanzas,
efímero pájaro de plumaje blanco.

Tiempo fatal que transcurre y se desvanece,
tiempo mío,
tiempo tuyo,
tiempo nuestro,
tiempo amigo y enemigo.

¿De dónde vienes?
¿Hacia dónde te marchas?

En las solitarias amapolas negras del luto,
en la espera, esa cruel flecha,
asesina.

Tiempo en tu ritual de anémona zigzagueante
no golpees hoy mi puerta,
no te claves en mi espalda.

AMULETOS

Llenarás tus bolsillos de jarilla,
luciérnagas y amuletos;
constelarás por todos nosotros,
y marcharás.

Llenarás tus bolsillos con arena
del mar de los vientos salvajes,
recordarás lo vivido y reirás.

Llenarás tus bolsillos de abrazos,
atardeces y lunas menguantes,
escucharás lo que dicta el viento y volarás.

Llegarás a una ciudad lejana
sin fronteras ni banderas,
sin derrotas ni cadenas.

Correrás por las calles de tierra descalza,
sentirás la vida;
serás sublime latir en libertad.

NO TE AHOGUES

No te ahogues en un vaso de agua,
en un mar de lágrimas de rabia,
en una nube sin tormenta.

No te ahogues en el suspiro repentino de la congoja,
a la espera de esas palabras salvavidas,
en la melancolía de los tristes.

No te ahogues en las mañanas de crepúsculos y sombras,
en esa mirada sepia detrás la ventana,
en un porvenir que nunca llega.

No te ahogues en otro borrón de tinta,
en esa boca muda gritando verdades en blanco y negro,
en ese final que nunca comienza.

No te ahogues en las rejas del pasado,
ante este efímero presente,
ante la voracidad del futuro,
aléjate del mármol en el vuelo del sinsonte.

No te ahogues ni por él, ni por mí, ni por ellos,
ni por ser verbo o sustantivo,
predicado o adjetivo,
ante la amnesia y el olvido;
no te ahogues.

No te ahogues en el útero de la desidia,
en el pájaro en silencio,
en las fauces de la urgencia,
ante la metralla de la infamia.

No te ahogues en el punto y aparte,
en el me hubiese gustado,
en las manos que baten el pañuelo del duelo.

No te ahogues en el paroxismo de traje y corbata,
en el proselitismo del humo de las fábricas,
en las manos que deshojan las margaritas.

No te ahogues sin haberlo intentado,
sin escuchar el eco de tus pasos,
sin remar a contracorriente.

No te ahogues aunque no te queden ganas
en el mar de la desgana,
compañera, compañero, no te ahogues.

II

Pero si a pesar de todo te ahogas.

AHÓGATE

Ahógate en los abrazos de fuego
que incendian el miedo,
en las epidemias que riegan
de amapolas los campos.

Ahógate en el trémulo carmín
de los labios que besan,
en el diagnóstico de felicidad
congénita que hoy invade tu alma.

Ahógate en su cuerpo desnudo
como se ahoga la luna crepitante en el río,
o en el limonero que florece en el patio vecino.

Ahógate en la ternura de los amantes,
en las trincheras de las sábanas y el vino,
en la risa de los niños jugando en el parquecito.

Ahógate en la flor del deseo,
en los pasadizos de este Edén,
en la manzana que mordimos.

Ahógate en el nosotros y en el por nosotros,
en el cuenta conmigo,
en el te necesito.

Ahógate ahora que el amor
tiene la urgencia de un recién nacido,
compañera, compañero, ahógate en la confianza,
en el estoy aquí contigo.

LA CUESTA DEL CHAPIZ

Suben corriendo la Cuesta del Chapiz
con el Cristo de los Gitanos al hombro,
la llama de la fe encendida y el silencio
de otras bocas y otros años,
peregrinan en antiguas procesiones,
de cruces, sándalo y relicarios.

A paso lento y pesante
atraviesan el Paseo de los Tristes,
con La Alhambra soportando el asedio,
otros tiempos y otros súbditos
eco en el canto rojo del ruiseñor en la alcazaba.

Subiendo la cuesta van los gitanos,
traen consigo oropeles y soles,
su arte es la herencia de esta tierra fecunda,
jondos cantes hacedores de milagros.

Las miradas pasajeras te contemplan hoy, Granada,
este Viernes Santo inundado de azahares,
la belleza y el caudal de tu alma morisca,
de tus calles de piedras y humo,
en ti confluyen el futuro, el presente y el pasado.

AQUELLA PRIMAVERA

Aquella primavera de piernas largas
tenía una fina cintura austral
y un valle repleto de libélulas.

Su espalda estaba poblada de las flores
de tinta más hermosas,
enrevesados ríos salvajes serpenteaban
de punta a punta sus polos magnéticos.

Las mariposas no podían evitar revolotear
sobre aquel edén de fruta húmeda,
cubierto de seda satén de Taiwán,
un paisaje vivaz de azahares, amapolas y rosas.

Aquella primavera de piernas largas
llevaba zapatos de tacos altos
que sostenían cual columnas de Hércules
todo mundo conocido y más.

Su boca que conectaba
la vida y la eternidad,
lo real y lo místico,
lo divino y lo prosaico,
la tempestad y la calma.

Aquella primavera de piernas largas,
que supe cruzarme algún día de invierno,
llevaba el aroma de la vida en su cuerpo
y la libertad a cada rincón de esta jaula.

RUTINA

Otra vez aquí,
entre lanzas y dianas
entre tristezas y empatías
entre paredes y esperanzas
entre tardanzas y ausencias.

Otra vez aquí,
entre la muerte y la trinchera
entre los labios y la espera
entre los pájaros y las manos
entre lo sutil y lo bárbaro.

Otra vez aquí,
entre el mar y los vientos
entre el reloj y la tardanza
entre el limón y el caramelo
entre las huellas y la pérdida.

Otra vez aquí,
entre los dados y la suerte
entre la paz y la guerra
entre el iracundo amor y las sábanas en llamas.
entre realidades y quimeras.

Otra vez aquí,
entre un domingo de luto y un lunes de cenizas
entre los héroes y las tumbas
entre mi naufragio y tu risa
entre las ramblas y los pasos.

Otra vez aquí,
entre tu boca y la mía
entre el sujeto y el predicado
entre el profeta y el mártir
entre el desertor y el vanidoso.

Otra vez aquí,
entre el azar y la rutina
entre la muerte y la vida
como un reloj que marca la hora exacta
pero que no sabe nada del tiempo
ese túnel sin entradas ni salidas.

EL ENCUENTRO

El encuentro de tu mirada con la mía,
ese tacto suave de tu boca entre mis dedos,
el abrazo cálido de dos nómades que se reconocen
ante un mundo de singulares desiertos.

El encuentro de las palabras esperando ser pronunciadas
por las almas sedientas,
el tú me esperabas y el yo te espero.

El encuentro de nuestros pies desnudos y fríos
debajo de las sábanas,
de mi cara ante el espejo,
del paso del tiempo blanco conquistando mi pelo,
ese páramo dulce donde se refugian las gaviotas
ante el batacazo de la soledad y el aguacero.

El encuentro, ese magnético milagro que nos une,
que fortalece del invierno la llamada,
ese lapso intempestivo y caudaloso del destino
entre dos o dos millones de miradas.

El encuentro, ese lenguaje entre el deber, el querer
y las promesas,
en el fotográfico recuerdo de aquellas hojas,
en el desván de la memoria traicionera,
en el rincón más alejado de las cosas.

El encuentro, ese río en el que confluyen
las banderas blancas y las banderas rojas,
ese sutil reflejo en el agua donde las estrellas se revelan,
ese instante cuando Eva y Adán se miraron,
cuando Cleopatra y Alejandro se besaron,
cuando Romeo y Julieta conocieron
la pregunta y la respuesta.

El encuentro, esa única verdad que encierra
cada misterioso momento,
cuando el tiempo, el destino y el amor se unen,
como los engranajes de una cadena,
como partes de un plan maestro,
como una raíz translúcida que a todos nos une,
que a todos nos conecta.

NADA

Nada, menos que nada,
una ínfima partecita de nada;
nada, prima de nadie,
una voluta pequeña, insignificante y opaca.

Nada, esa patria que nadie habita
pero que todos nombran,
una pizquita indivisible,
un rinconcito donde el sol no sale,
un escondrijo al que le sobran esquinas.

Nada, o casi nada,
esa distancia preconcebida que nadie recorre
entre dos puntos invisibles,
una multitud en singular que todos conocen,
el escarmiento de todo lo que puedes dar.

Nada, un compactito, un graznido, un chasquido,
un bostezo en el viento,
un montón de nada,
el origen de donde hemos venido,
el destino a donde nos iremos yendo.

Nada, o casi nada,
un papel en blanco, una risa muda,
una novia en el altar olvidada,
ese medido y transoceánico espacio entre las letras,
un espejismo,
el destino final del todo.

INCONGRUENCIAS

Un obrero votando a la derecha,
un vasallo apoyando a la monarquía,
un mártir buscando una causa,
los hijos del señor dando la espalda a los hijos
del hambre y la guerra.

Incongruencias, que los políticos compren y vendan lo
que no les pertenece,
que los niños quieran ser adultos y los adultos ser niños,
que las heridas del corazón se curen con pastillas de amnesia
y olvido.

Incongruencias, que la naturaleza de la que formamos parte
sea devorada en pos de un evolutivo camino,
que las jaulas estén llenas de pájaros y el paraíso vacío,
que los pies sin huellas no hagan camino,
que la esperanza de tanto dudar esté hecha un lío,
que en la vejez se disfrute lo que en juventud
no se ha vivido.

Incongruencias, que el deseo le pregunte a las ganas
¿cómo, cuándo y dónde podemos hacer lo prohibido?,
que la calidad de vida esté sujeta a la cantidad de cosas,
que las tradiciones separen a los pueblos,
que solo en el cine la vida sea de color de rosa.

Incongruencias, que falte la fe y sobren los ismos,
que el amor y el perdón sean un juego divino,
que los derechos humanos solo sean
humanos pretextos que no salvaguarden la vida,
que entre tanta vorágine no se valore
que estamos aquí de visita.

NURA

Llegué náufrago a tus costas,
corazón de cuarzo rosa,
escapando de las fauces humeantes de las fábricas,
del acero, el asfalto y el neón.

Cuando solo era una metáfora,
un tren sin rumbo, una casa de cartón;
como un caminante que se pierde en la niebla
en tu regazo caí.

Y desperté en los turquesas de tu mirada,
en los ocres infinitos de tus playas,
en las posidonias y las algas verdes de tu mediterránea calma,
hija del edén, para un puñado de Evas y Adanes.

En ocasiones me pregunto
¿quién eres?, ¿quién se esconde?,
en ese cuerpo de crepúsculo desnudo,
en la inmensidad de esos ojos tranquilos,
en los silencios que alguna vez
poblaron de pájaros tu alma libre.

¿Quién eres? ¿Agua de río?
Salvaje brisa soplando al otro lado
de las costas del Orinoco,
tu selva de verdes curvas y caminos;

constelaron los cielos,
iluminaron los senderos,
acallaron los fantasmas,
para que hoy mi alma desnuda
abrace la tuya.

NOSTALGIA

Yo nostalgia,
tú nostalgia,
él nostalgia,
nosotros nostalgia,
vosotros nostalgia,
ellos nostalgia;
en fin,
hoy, todo es nostalgia.

PALABRAS

Tus palabras, ese pueblo
de veredas rotas y casas bajas,
esa patria que no existe, pero se crea
y se destruye día a día.

Tus palabras, ese manantial
en la espesura de los bosques,
en los oasis de las almas,
en el vuelo transoceánico de las golondrinas
de carbón y tinta.

Tus palabras, ese lenguaje
donde habitan los amantes y los enigmas,
las bibliotecas y los bares donde se encuentran
los que regresan con las luces de otros días.

Tus palabras, esos habitantes
que pueblan de gente serena y cauta
esa patria que no existe, pero que habita
en algún lugar de la memoria.

Tus palabras, esos estrechos pasadizos
circundados por macetas azules y rojas,
desengaños y añoranzas
de silenciosas y bulliciosas gargantas.

Tus palabras, esos ropajes
que envuelven el movimiento del viento desnudo,
esas pantomimas que distraen las distopías y los amares
con sus fonéticas caricias cotidianas.

Tus palabras, ese santuario
repleto de amuletos y sillas vacías,
esas estrellas distantes que entre claros y oscuros
deambulan por este constelado cielo.

Tus palabras, amiga, amigo mío, son el puerto de llegada,
la luz encendida en medio de la tormenta,
el otro lado del puente,
el abrazo que aliviana.

COMPLETUD Y VACÍO

Vacío, nunca dejo de pronunciar tu nombre,
¡dijo la completud!,
habitas en la parte más profunda de mi conciencia
cuando observo tus ojos y hay algo en ti que me conmueve;
vacío, ese que deja desnudos e indefensos a los árboles en invierno,
el que deja el adiós del último abrazo.

El vacío que deja solos a los hijos de nadie
o en compañía de todos los solos,
ese mismo que atraviesa el temblor de mis párpados y lo congela
todo aquí,
ese momento en que todo se detuvo,
en el que se congeló la respiración,
en el que solo somos flacos insomnios.

Vacío, de no tener fuerzas,
de apretar y apretar las manos desquebrajadas
como ramas secas,
ese sentir que te tengo cuando no te tengo,
ese de color gris luego de un largo encierro,
ese afilado estilete que desgarra los humanos cuerpos.

Vacío, resaca de tus labios, de tu vida,
ese devorador de plomo, de los lazos que se rompen,
que pronuncian con demagogia tu nombre.

A solas, aquí entre tú y yo,
el vacío que dejan las rejas y los dogmas,
el vacío de los no te quiero o de los te quise tanto,
ese punto austral y lejano de los no te entiendo,
de no mirar la estrella errante el firmamento tenue.

Vacío, de beber de tu néctar solo esta noche,
ese que deja desnuda a la vida,
el que abandona a los últimos supervivientes,
el que dice no a la única oportunidad de cambiarlo todo,
vacío, entre tú, yo y la completud,
nada ha cambiado.

TENEDOR

Puente de cuatro puntas entre tú y yo,
portas en tu vientre de metal o madera las sustancias sutiles
que me devuelven a la vida.

Sicario que asediando mis dedos flacos
destierras a las nómades sombras de un
pasado de terracota o barro,
de fuego y mirada.

Nadie sabe de dónde vienes,
si permanecerás o no a lo largo del tiempo
en las mesas y las fuentes,
las ensaladeras y platos,
ni quién te interpuso entre mis manos
y las texturas de los tentempiés.

Tenedor, ojo de plata, lacerante hijo de Zeus,
consorte ancestral del cuchillo,
ese dúo presente en tantos y tantos encuentros.

Los dedos celosos y conspiradores
esperan que en el ocaso caigas,
pero a su pesar regresas a los convites y a las mesas,
como los soldados a las armas,
como otra extensión que el ser humano hizo suya.

ATAHUALPA

Hombre sabio de antiguo lamento,
voz de los pájaros y las montañas,
tu canto de la tierra, el trigo, el monte y el alba,
querencias que en tu nombre las estrellas pueblan.

En tu guitarra anidan latitudes lejanas,
el silencio de los valles ocres y las quebradas,
la mirada profunda y tumultuosa de los viejos ríos,
la piel de los campos, los robles, chañares y jacarandas.

Tú que fuiste protesta de las huellas salvajes del progreso,
fiereza galopante en el Monte Colorado,
piedra seca por fuera, por dentro cristalina viveza,
de las constelaciones testigo, amigo fiel y profeta.

Atahualpa, la llanura entera te nombra,
susurra a través de ti su quebranto de pampa enlutada,
allí donde el gaucho y el firmamento se fusionan,
trepan a la luna lunera la voz de tus milongas y tonadas.

A ti, hermano de la bordona y de la rima,
¡anida la paloma en el árbol con espinas!,
al escucharte los rencores se vuelven mansos,
los pájaros se elevan, se vuelven canto,
más allá de la muerte y de la vida.

DOBLE MORAL

Entre eufemismos y castas
redimiendo los bajos fondos
con una altivez espectral,
hijos de la noche, ciervos de los días,
de inagotable e indolente discurso,
doble rasero; doble moral.

Palabras directas a corazones durmientes,
preludio que camaleónicamente avanza
sobre un puñado de sombras,
bocas ardientes de presurosos abismos,
bestiario en la entrega de saco y corbata,
placebo y desierto; doble moral.

Sabrán los hijos del tiempo de aquellos
cuyos espejos duales destrozaron el pensamiento,
con vastas ambigüedades
estando presentes mintieron,
con palabras de seda y rosas de cristal,
doble mensaje; doble moral.

PALOMAS BLANCAS

Palomas blancas de mis manos se alimentan
para luego alejarse hacia tu patio entre rejas
quién pudiera regalarte la libertad que tienen ellas
y poder visitarte a la hora de la siesta.

Solo sombras al reparo de los pasos
vuelos fatuos al resabio de estos días
ni balcones ni sillones ni quimeras
algo queda en el amor que nunca olvida.

Los pesados vencedores siempre regresan
vengativos desde el sur buscando ocasos
hoy te busco como siempre y no te encuentro
en un camino zigzagueante hacia el pasado.

Palomas blancas de mis ojos ya se alejan
para llevarme a donde estés y así abrazarte
al fin comprendí; todo pasa en esta espera
desilusiones, risas, llanto, felicidades.

Palomas blancas de mis manos ya se alejan
como pañuelos que se estrellan en la nada
los árboles que plantaste siguen vivos
la injusticia fue vencida por la esperanza.

LA LUZ DE TU MIRADA

La luz de tu mirada me transmite muchas cosas,
me muestra tu calma y tu alma,
te muestra desnuda recorriendo
cada rincón de esta jaula.

La luz de tu mirada me guía y me cobija,
reconstruye, una a una,
las partes de mí esparcidas por esta vida,
las une, limpia y sana.

La luz de tu mirada me lleva a la esperanza,
me brinda la confianza necesaria día a día,
sintiéndote cerca de mí,
lejos de la desasosegante pausa.

La luz de tu mirada suelta los lastres de mis alas
cuando te recuestas junto a mí en las mañanas,
acaricias mi pelo, desenredas mi alma,
abres con tus labios las puertas cerradas.

La luz de tu mirada sabe que te necesito y que te quiero
aunque no estés aquí, vives aquí dentro,
tus sutiles latidos son mi puente y mi faro,
mi mar, mi oasis, mi espada, mi espejo.

FUEGO ETERNO

Quemó mi mano, la luz quemó mi mano,
se posó sobre la palma deshilachada en su vuelo
de latir eterno,
como un dócil crepúsculo durmiente;
quemó mis ojos, la luz quemó mis ojos,
antes de que pudiese abrir mis párpados y verte allí
serena y cauta;
quemó mis labios, la luz quemó mis labios,
sin que mi boca pronunciase balbuceante su nombre,
y la regresé de la muerte; esa casa del olvido.

¿Ves las cenizas esparcidas?
¿Acaso oíste los gritos?

Quemó mi lengua, esa luz quemó mi lengua,
antes de que esa densa verborrea me devolviera la vida
o a la vida;
quemó mi espalda, esa luz quemó mi espalda,
su implacable látigo luminoso laceró con su trazo errante
una a una mis costillas;
quemó mi pecho, esa luz quemó mi pecho,
se balanceó en círculos sobre mi piel arenosa
como una bestia muda que en llanura marcó su huella;
quemó mis piernas, esa luz quemó mis piernas,
antes de que los pasos zigzagueantes se atrevieran a cruzar
o a ensanchar los caminos.

¡Fulgor ardiente
reflejó en los espejos del alma!

Quemó mis oídos, la luz quemó mis oídos,
el incendio fue tan amplio que su eco dejó devastado todo,
miles de átomos humeantes, rebotando, esparciéndose,
fusionándose con la nada;
quemó mi garganta, la luz quemó mi garganta,
se atragantó en mi interior implosionando con su grito
de cementerio vacío,
con ese aroma áspero de alcanfor que preda los armarios
y las cavernas del beso;
quemó mi tiempo, esa luz quemó mi tiempo,
recorrió los laberintos del multiverso aniquilando
cada minúscula partícula de tu recuerdo,
arañando, jadeando, tratando de no desprenderse
de su propósito de fuego.

Quemó mi mano.
Quemó mis ojos.
Quemó mis labios.
Quemó mi lengua.
Quemó mi espalda.
Quemó mi pecho.
Quemó mis piernas.
Quemó mis oídos.
Quemó mi garganta.
Quemó mi tiempo.

Tal vez la luz piense que en nosotros
puede existir un mañana.

MANOS VACÍAS

Me gustaría regalarte algo
que te cambie los días,
que te cambie la vida,
aún sigo persiguiendo metáforas,
viviendo sin pausa ni prisa.

Me gustaría regalarte algo
que te ayude a ser feliz,
que te ayude a creer en ti misma,
aun cuando la crueldad cotidiana
se proponga instaurar la injusticia.

Me gustaría regalarte algo
que tenga un valor espiritual,
que sea vital en tu risa,
para cuando te sientas sola
y nuestro amor solo sea arena
deslizándose entre tus manos vacías.

Me gustaría regalarte algo,
todas las letras del abecedario,
todas las estaciones del año,
todos los secretos y enigmas,
todos los años que no te disfruté,
todos los abrazos y todas las caricias.

HORA HÚMEDA

En esta hora húmeda
en que tu vientre caliente
invade mis costas,
exhausta de aletear, tu alma translúcida
cae sobre un tapiz añil de quebradizas hojas.

Dos bocas sedientas invaden
los rugosos pasadizos del beso,
tu mirada que tiene el color del agua
me observa, me engulle,
me ahoga para luego salvarme y devolverme
a la calidez de esta vida, de este día.

Tu cuerpo, mujer, ese colador de puntos crepusculares
que ciega el vacío y preda cada
minúscula voluta de calma en mí,
el deseo que desatas con tu respiración jadeante y florida
se eleva como un águila, hambrienta sobre estas colinas
de carne y tierra, signos de la fusión,
arden humeantes los bosques.

Marina piel de musgo, escamas de rosas y fuego,
esta tempestuosa y dulce batalla entre sábanas
se disputa entre dominios y entregas,
banderas rojas y blancas,
espadas sedientas de sangre y vino.

Se rinden mis manos ante la redentora circunferencia
de tu ombligo de luna,
lazarillo de verde olivo,
encandilaste el rumbo de este cíclope navío,
mientas ahí afuera en el piélago
las caras se asoman mundanas detrás de las cortinas,
nos señalan con el dedo de la envidia
y nos condenan.

EL CAMINO

Ahora yo y el camino,
claros y oscuros dibujándose en el aire,
serpenteando las sendas de la intrínseca vida,
tropel de curvas infinitas,
deshilachadas líneas que se contraen y se expanden,
éxodo de pasos dibujándose en la oscura arena,
veleta silente al sur de Orión.

Ahora yo y el camino,
espejo donde se reflejan todas las cosmogonías
del universo,
limitando el abismo y el vacío
con su boca de tierra, piedra y cemento,
hijo de la decisión y la duda,
laberinto ciclópeo donde deambulamos juntos.

Ahora yo y el camino,
mirándonos a los ojos, desafiantes,
supervivientes de aquel pasado,
del astrolabio y la brújula,
su cuerpo de polvo me engulle,
sus manos de barro frenan mis pasos,
yo lucho por no sucumbir a sus mandatos.

Ahora yo y el camino,
sabiéndome deseoso de un futuro y desertor de un pasado,
hablaré ante el oráculo de la tierra,
sobre la paz de los pueblos y el regreso de los hijos
perdidos a casa,
sobre la rosa de los vientos,
El Talmud, La Eneida y las encrucijadas,
antes de que el último suspiro ciegue mi rumbo
destruiré el reloj de arena con mis manos.

NUESTRA SOMBRA

Nuestra sombra nos acompaña,
serpentea una a una las curvas invisibles del alma,
da forma a la oscuridad en los senderos
iluminados por este cálido sol de mayo.

Nuestra sombra nos asombra,
con figuras grotescas,
formas que forman parte del vacío,
juez y cómplice indivisible del silencio.

Nuestra sombra nos susurra al oído
los secretos del camino hacia el río,
la directriz del mecanismo sutil y dual de los colores,
el sombrío gesto de rostro gris plomizo.

Nuestra sombra se marchará junto a nosotros,
porque con nosotros ha nacido,
hija de un pueblo singular y mudo,
fiel reflejo de esa otra parte etérea de nosotros mismos.

LA LLUVIA Y TÚ

Comenzó a llover, no sé bien si de arriba hacia abajo o de abajo hacia arriba, desde adentro hacia afuera o viceversa; hay un hecho destacable en este acto, cuando llueve los amantes pareciera que se abrazan más fuerte, como tratando de evitar que el agua diluya su amorío seco, los besos incendian los bosques con una voracidad infernal, las bocas se fusionan, urgentes, unas con otras, y los pasos que antes acariciaban el asfalto ahora huyen despavoridos, ante el embate cristalino de los cielos. Llueve, no sé bien si caen gotas de algarabía o de tristeza, de ausencia de estación de tren o de bar plagado de insomnios y musas; se esconde algo presuroso y curioso en este hecho, cada vez que observo la lluvia pareciera que la observo por vez primera, su cautivante y enrevesado murmullo de reloj sin tiempo se entrega a mí, sutil y complejo, yo la observo tranquilo, por detrás y por delante, desnuda, con sus alas mojadas y la mirada infantil de vergonzosa quimera. Llueve, sigue lloviendo, horas y horas, de un lado hacia otro, en diagonal, vertical, horizontal y oblicuamente, los cuerpos flotan ante el diluvio como barcas ante el embate de la *rissaga* o el deseo; se vacían las calles como en un acto de psicomagia, se detiene el vuelo de las aves, que a esta altura de la tarde diagraman la reconquista de los cielos desde el confort de sus nidos. No para de llover, a baldazos, sin un gramo de piedad, no sé si de abajo hacia arriba o de arriba hacia abajo, no sé si de tu mar al mío o del mío a este presagio tuyo de volutas de papel crepé azul y blanco, hay un solo hecho que me intriga, que se expande en mi pecho y moja mis pensamientos.

Esta tarde a través de la ventana, entre el frenesí del golpeteo húmedo e insistente de la tormenta, te he observado cruzando el parque con esos pies de mariposa fértil. Y de repente se detuvo la lluvia, se congeló todo, este instante sagrado, casi místico, las gotas, el poema, la duda, todos detuvieron su paso al verte, convertida en gota translúcida, mujer de húmedas caderas, de senos como nubes, de abetos y montañas, mujer de agua y viento, esta tarde plomiza de ti me he enamorado.

Tierra = Cuerpo
Semilla = Óvulo
Lluvia = Semen
Planta = Vida
Gota = Lágrima

LA VIDA

La vida nos trae personas y luego las aleja,
como el mar en las olas va, de ida y de vuelta

la vida nos regala los ¡no te marches!, ¡te amo tanto!,
¡cuenta conmigo a ciegas!

la vida nos trae sueños y luego nos despierta,
contemplando somnolientos realidades y quimeras

la vida me trajo tu risa, los amigos, las vivencias,
el placer de las lágrimas dulces y saladas, las flores entreabiertas

la vida me mostró el crepitar del fuego ardiendo
en tus ojos verdes y tu piel de madera

la vida en su vaivén sutil hoy hacia ti me lleva,
viajando en estas palabras lejos de las cadenas

la vida, amiga, amigo, se materializa cuando la sueñas,
en un lenguaje que todos hablan, sin importar su procedencia

la vida me trajo la luna crepuscular de tu mirada,
la hierba que crece para vestir la tierra

la vida me trajo las gaviotas y los barcos,
la luz de los faros brillando en medio de la tormenta

la vida me trajo tu presencia, el simposio entre nuestras almas
al llegar la primavera.

NÁUFRAGOS

Náufragos,
como miradas errantes
detrás de las ventanas y los cristales tornasolados
del beso,
como ardientes naves en los puertos del deseo,
de la piedad y la esperanza,
como los presos detrás de los barrotes
y las aves a quienes sin volar
les cortan las alas,
como un día que acaba
sin llegar la noche plateada.

Náufragos,
como una hoja en blanco
sin mensaje ni botella,
como el silencio del sinsonte al despuntar el alba,
como el credo, la fe y el horizonte,
de nuevo juntos en la conjunción (la espera);
en el tiempo circular
que no une ni cierra el ciclo
ni articula vocablo,
solo espera, espera y espera.

Náufragos,
detrás de las sábanas,
golpeando las puertas que la selva
concibió para ser árboles,
ahí donde se ahueca el alma,
allí somos naufragantes,
y con nosotros la parte
más pura y serena
se extingue, se ahoga y se libera.

VERSOS ENAMORADOS

I

Bella mía, bastión inexpugnable de mi deseo,
vientre de trigo y ceniza,
vida dentro de tantas vidas,
vuelo zigzagueante de libres gaviotas,
constelado espejismo,
patria mía
¿dónde te encuentras?

De los lirios y *La Eneida*
tú, poema mío,
eres musa y batalla constante,
arlequín en un palacio;
deja atrás el espejo interior roto
y velozmente ven a mí.

Antes de que este naufragio
al que pertenecemos
desaparezca,
en el mar de la contradicción
y espera.

Cambiaremos el más profundo abismo
por el más extenso abrazo,
el dolor por el amor,
el invierno por la primavera.

II

Mi esperanza tiene alas,
plumas doradas y ramas de seda,
cristales de cuarzo,
boca poblada de peces,
escaleras circulares,
huellas que nunca
se alejan.

Tornasolados ocres y verdes,
miradas de migrantes gaviotas,
caminar de pies desnudos,
hojarasca en otoño,
caballos salvajes,
inolvidables primaveras.

Crisantemos supervivientes,
bellas quimeras,
aguaceros de mayo,
besos ardiendo en la selva,
escafandra marina,
cuerpo de alga y coral
dulce y cruel entrega.

III

Estrella cautiva en la llama de las noches infinitas
huye de mí,
antes de que el crepúsculo asome,
o ámame hasta que la esclavitud de los días
azote nuestros cuerpos.

Antes de que las cenizas
arrasen los campos
y muera el deseo,
antes de que la libido
se postre a los pies
de este labriego destino.

Bella mía, ámame y libérame
con tu anhelo
de las cadenas de la
espuma y el vértigo,
riega con tu lengua mi vida,
líbrame de la embestida del silencio.

Libera tus pájaros
en mis tierras,
en mis senderos, y llénate de mí,
soy tuyo, más que mío
por siempre tuyo.

IV

Arrásame en las calderas humeantes del deseo,
quítame los días, la vida,
conquístame, llénate de mí,
sacrifícame.

Soy tuyo, siento mi hora en ti,
mi hora en el silencio de tu sangre,
libérame de mí,
sé mi voz en el silencio.

Ayúdame a romper las puertas,
suelta tus gotas sobre mi alma,
tu vuelo sobre mi escarpada vida,
cura mi sed, mi desesperanza.

Haz que mis límites se consuman
ante el fuego sagrado de tu cuerpo desnudo,
aniquílame, quiero salir de mi alma
y adentrarme en la tuya,
sacar ante este hielo perpetuo mis alas.

Amada, soy tuyo,
amada, amada, amada.

V

No te detengas
en la cuesta,
en la bajada,
en la embestida o en la llegada,
no te detengas aún, cuando parezca perdida la batalla,
o a sabiendas de que la meta se sepa cruzada
no te detengas.

No malgastes tu valioso tiempo
en lágrimas o entropías,
no hay certeza
que no conozca de dudas,
no hay nostalgia o ausencia
si las vivencias perduran.

Este aquí y ahora,
humana pasión crepitante que florece y marchita;
vive en cada existir,
vive en cada presente,
vive en cada osadía.

Hasta que cada gota de ti
llene el océano,
hasta que cada hoja caiga,
hasta que un nuevo amanecer renazca,
hasta que cada suspiro

de tus labios
bese el mismo aire que toca los míos.
No te detengas, amor mío,
ven a mis abrazos,
juntos cruzaremos
bosques verdes,
mares calmos,
cielos regados de flores,
constelados y profundos remansos,
de cuerpos desnudos y anudados,
en los gritos de las manos,
en los dedos de los pájaros,
en el firmamento de tus senos altos.

Oirás mi voz acariciando
tu nombre,
susurrando a tu oído
«el momento ha llegado».

VI

Triste corazón de poeta,
golondrina errante,
en las arenas de esta la soledad
que tan bien conozco y de la que tanto desconfío,
hoy tus pasos se ciernen
náufragos en los humeantes bosques iracundos de la nostalgia,
por aquel amor hoy ausente
que preda tu voluntad,
que embriaga tu ser, tu luna
y tu espejo,
allá lejos en la espesura azul
tus labios resecos,
más muertos que vivos,
pronuncian su nombre.

Triste corazón de poeta,
incandescente vestigio del fuego y las sombras
de un amor eterno, místico e infinito,
dejad libres las hojas al viento
para que en su regreso el libro de la vida se complete,
bella flor crepitante,
noctiluca en las profundidades abisales,
milagroso remanso,
déjame que te traiga en mi cesto,
inunda mi hogar
de manzanilla, lavanda y deseo.

VII

Búscame,
en el crepitar del sol naciente,
en lo profundo del inconmensurable mar azulado,
en los altos bosques calmos,
en la tierra fértil,
en el vientre de las flores,
en los cielos constelados.

En el eco de los pasos,
las vertientes de los cauces,
los ríos y los lagos,
en el cráter del volcán,
en el apogeo de tus labios
fundiéndose en los míos,
en las contradicciones
de este hoy y aquel pasado.

Si te preguntas dónde fui
mira al amanecer y al ocaso
en los valles olvidados
donde duermen los olivos,
donde florecen los naranjos,
donde habitan los amantes,
allí donde nadie mira,
allí me verás.

Esperándote, amor mío.

Siempre por ti allí
estaré esperando.

Porque nunca se aleja
el que desde siempre
cerca ha estado,
trascendiendo lo vivido
al tiempo transitado,
en tu mirada me renuevo
como lo hacen en el cielo
el vuelo de los pájaros,
sonándonos unidos y libres,
así me encontrarás,
allí donde comienza el infinito.

Allí siempre te estaré esperando.

VIII

Dame una razón, golondrina errante,
cielo de cristal azulado,
piel de seda,
galaxia de titilantes flores.

Hazme una señal desde las costas de tu pecho,
desde el faro de tus piernas.

Tus labios de leche, miel y flores
guían mis huellas
hacia donde la pena nunca llega,
donde nunca naufraga la noche.

Desde tu península
al archipiélago de mis días,
en el movimiento de la vida constante,
dame una razón.

IX

Gota de lluvia, etrusca mía:

De nuestro silencio enamorado nacen el río y el crepúsculo,
se tiñen de amor los campos,
se reconocen los labios,
los ojos ausentes se miran.

Duerme sobre tu ombligo
profundo y calmo,
la espuma blanca del mar,
el puerto tranquilo donde encalla este navío errante.

Recuerdo el titilar de las brazas,
el fuego que desató el deseo,
la embestida de nuestras almas sedientas, desnudas y exhaustas.

Los versos por ti desatados
despliegan sus alas en las cascadas de mi garganta,
pronunciando tu nombre,
buscando tu cuerpo,
naufragando de nuevo
en este. Sin ti.

En este horizonte
de interminables insomnios,
abro el libro de aquellos días
en el epígrafe más hermoso,

en la página inequívoca, confesante y audaz,
que dice: «Fuiste mía».

Amor, donde los cauces se nutren,
como un pescador
echo mis redes al mar esperando encontrarte,
y no llegas.

Te presiento,
en los cielos,
en las profundidades,
en los arrecifes,
en las nubes.

Allí donde moras indómita,
naturalmente libre y rauda
sobre las madreselvas y las atalayas,
entre mi boca y tu nombre
migran gaviotas blancas,
en ellas te veo
anunciándote al alba.

Viviendo por siempre en cada rincón de mis pasos,
en todos los senderos inexpugnables de mi aciago
corazón por ti enfermo;
luz de mi alma, llama encendida,
cómplice de la creación y el comienzo.

Sé libre, sé alma en rebeldía.

APRENDIZAJE

¿Qué aprenderé de tu ancestral silencio?,
¿qué aprenderás de mis cotidianos fracasos?,
¿qué aprenderé de tu corazón inquieto?,
¿qué aprenderás de este sabor amargo?,
¿qué aprenderé de tus cielos grises?,
¿qué aprenderás de este saber lejano?,
¿qué aprenderé de estos tristes días?,
¿qué aprenderás de los días largos?,
¿qué aprenderé de esta vida corta?,
¿qué aprenderás de estos viajes solitarios?,
¿qué aprenderé de este eterno sueño?,
¿qué aprenderás cuando todo a tu alrededor se esté quemando?,
¿qué aprenderé cuando el fuego se haya apagado?,
¿qué aprenderás si de repente se detiene el tiempo?,
¿qué aprenderé de tu recuerdo helado?,
¿qué aprenderás de mirarte en los ojos de otros?,
¿qué aprenderé del beso de tu boca fría?,
¿qué aprenderás al pronunciar mi nombre con tus labios?

ANTENAS

Nos sobra comunicación y estamos tan solos,
simples gotas de lluvia mezclándose en la tormenta,
sombras en trincheras vacías,
extraños en camas deshechas.

Tenemos el final y el comienzo,
la flor y el veneno,
el ocaso y el sendero,
nos tenemos a nosotros y a nuestros desiertos.

Tenemos las antenas,
los mensajes encriptados,
las confesiones a oídos sordos,
los aeropuertos, la fe, el odio y el amor verdadero.

Nos sobra comunicación,
nos falta un mundo nuevo,
nos tenemos a nosotros,
tenemos un comienzo.

TIEMPO CIRCULAR

Pienso en el tiempo circular,
y en la singularidad de los caminos
que giran en torno al alma.
Pienso en las mareas y las señales
que nos acercan y nos alejan de los puertos,
siempre codiciosos de un porvenir
y desertores de un pasado.
Pienso en ti y en mí,
en estos circulares y eclécticos momentos,
en el pulsar de nuestros latidos y las razones
que los motivan.
En esa luna bisiesta de enero, en alfa y omega,
en tus manos acariciando mi pelo,
en el placer de los besos y los versos.
Pienso en el crecer y en la soledad,
en el éxodo y el ocaso,
pienso en el tiempo circular y en su mudanza,
que hoy me libera en estas lejanas tierras.

EL VIAJE

Dios se mueve en su bicicleta dorada por la noche, obrando milagros atraviesa soledades, con la luna al hombro entreverada por nubarrones y tinta. Esconde su rostro y su larga barba de seda detrás de unos atavíos modernos, tras las luces de neón y los coches, esquiva veloz los últimos vestigios del verano. Pude verlo atravesando los atardeceres ocres detrás de mis soñadoras pupilas, de sonámbulos amores fugaces, dejando las puertas abiertas a todas las posibles salidas. Atravesando en su bicicleta dorada la noche, mirando ahí donde nadie mira, llenando el vacío de palabras, viajando solo, de regreso a casa.

LUCES DE NAVIDAD

Luces de Navidad
en los cristales oscuros del deseo,
en los árboles desnudos y secos,
en las plazas y los parques entre rejas de hierro.
Luces de Navidad
en las miradas empañadas de plástico,
en las bocas repitiendo voraces,
en los platos sin panes ni peces.
Luces de Navidad
en los amantes que se olvidaron de amarse,
en los viajantes que se perdieron viajando,
en los comedores sociales invadidos
de soledades y espejos.
Luces de Navidad
en las pensiones que desbordan de sueños,
en las prisiones que llegan a los cielos,
en los cajeros y portales desiertos.
Luces de Navidad
en los geriátricos poblados de insomnios,
en los hospitales rehenes del tiempo.
Luces de Navidad
resistiendo a los días, venciendo las noches,
los niños y los sueños ambulantes;
hoy pienso en ellos
mientras las calles se inundan de multicolores vanidades.

MENTIRA

Mentira, un sueño soñado por otro sueño, un reloj de arena gravitando libidinosamente ante el deseo, en la extensión y la conspiración del universo, en el aleteo de un colibrí desatando un huracán sobre la tersura de una flor. Mentira, en la palabra concreta, en el alfabeto y la biblioteca que contiene pusilánimes textos, en la cordura de las fieras ante el embate del deseo, la exactitud del sujeto y el predicado, el sustantivo y el verbo Dios. Mentira en la extensión del beso, en la geografía de los cuerpos desnudos ante la historia del olvido, en Ovidio, Ariadna y el deseo, en el cielo de abajo y el abismo de arriba, en la parábola del deber, el hacer y el aceptar, en el espejo que refleja a ese otro que parece ser yo. Mentira en la inmensa luna, en el crepitante sol naciente, en el norte y el sur, la brújula, la cartografía, en aquel atardecer al poniente de ningún valor, en una breve verdad o una sopesada duda, en los siete colores del arcoíris, en las cuatro letras de la palabra «amor». Mentira, un hombre soñando otro hombre, quién sabe, tal vez un multiverso al reverso de todo, una moneda sin ningún valor, en la percepción pretenciosa de una oruga por ser mariposa, en el asesinato del poeta por describir con exactitud el edén de un gran señor, en los gobiernos y las religiones, en los dogmas que ocultan dramáticas traiciones, en la teoría del caos, el falso credo, la fe y el rencor. Mentiras las que creí y me hicieron de hierro y oxidaron mi cuerpo, las de los juegos de azar, las páginas que relatan la valentía de Teseo aniquilando al Minotauro, en el palpitar y el ateneo, en páginas del psicoanálisis de Freud, en las bocas que dicen errar es humano.

Mentira en la historia que cuenta que en el octavo día el creador descansó, en las enciclopedias, los diccionarios, los engranajes y en los calendarios, perverso reguero de plurales cegueras; la mentira más verdadera: la que llaman amor.

PRISMA

Hay quienes observan la vida
hay quienes deciden vivirla
hay quienes ven el vaso lleno
hay quienes de llenarlo lo vacían.

Hay fuegos que incendian los bosques
hay otros que ni ardiendo
dejan cenizas.

Hay partes de todos nosotros
esparcidas por la vida
hay días que te quiero y otros
que te olvidaría
hay más de mil razones y ninguna
bastaría.

Hay bocas que no dicen nada
y otras que al callar te hacen trizas
hay laberintos en los besos
y sencillez en la lejanía.

Hay verdades que no duelen
hay mentiras asesinas
hay utópicos placeres
hay pragmáticos enigmas.

Hay historias que se repiten
día a día, vida a vida,
hay olvidos que persisten
en la entrada y en la salida.

¡Hay de tanto buscar y buscar
dice mi corazón en llamas!
En la pulsión constante, en la palabra precisa,
en los engranajes de esta cadena universal.

Hay de mí, hay de ti, vida mía.

EQUIVALENCIAS

Me gradué en la universidad de las calles, en los libros de arena descubrí los confines de este mundo ilusorio, transeúnte en la república de las letras, esperé el autobús en el mar de la duda y el avión en el excelso puerto del abrazo, fui espía en los parques poblados de besos y palomas, fatigado mensaje encallado en una botella vacía. Fui símbolo entre sumas y restas, amuleto colgado en el pecho de algún bisiesto y lejano día, fui victoria, fracaso y secreto, un teólogo sin Dios, la voz en el eco de la caverna, la sombra que bailó delante del fuego, un hielo derretido, inconexa partícula ciega y sorda, que se encuentra en el pregón ardiente de los amantes entre las sábanas. Me hubiese gustado leer más libros, pero sin saberlo leí más vidas que páginas, fui un francotirador de versos y quimeras, hoy una puerta abierta, ayer una puerta cerrada, mañana una solitaria nube atravesando la cordillera, en el eco de otras voces seré cadencia, silbido, dilema, desnuda ribera, arcilla tosca a las que tus manos cómplices dan forma y vida. Como un desertor que salta el muro de Berlín o un balsero que cruza de Puerto Santiago a Brooklyn, fui punto de fuga en el lienzo, tracé con mis alas australes el rumbo sobre el papel cuadriculado y ajado, leí las letras invisibles escritas en las páginas de los días cotidianos. Herida sangrante de vida, boca sedienta de amores, mar ecléctico ante la tempestuosa risa, grotesco suspiro del rey de los vientos, estudiante torpe de febriles y anudados cabos sueltos, contemplando el alba y el ocaso, transcribiendo partícula a partícula, palabra a palabra lo que el corazón dicta.

POESÍA

Estoy herido de muerte por tu puñal
de ángeles, vino y rosas,
por tu horizonte sin fronteras
y la espinosa comisura de tus cinco letras,
tú, que navegas febril los senderos
de las azucenas blancas,
los equinoccios y solsticios de cráter y seda,
que descansas en la piel
tramada y sutil de las hojas,
en las fauces hambrientas entre el amor y el miedo.

Soy otro inmigrante más,
sin mención ni rostro,
que espera (ese mágico instante de quitarte el antifaz
y mirarte a los ojos),
república plural en los libros que articulan vocablos
de engranajes secos y relojes de arena.

Buitres que esperan carroña /
huesos que la tierra guarda /
cenizas que el aire se lleva /

Las utopías mueren en mi boca,
mientras deambulo sediento
desiertos regados de claveles, espinos (y cegueras),
otro Baudelaire más diciendo «te amo»,

sin amparo ni bisagra,
agnóstico visitante de una ciudad en ruinas.

Poesía, emperatriz que reina
tras las dóciles sombras
de estos eclécticos días,
racimo de vid enlucido por violáceos anagramas
y redondas formas,
donde cada frase crea la fruta prohibida,
devorada por nosotros,
mujeres y hombres,
para desvestir la desnuda y risueña
sed de la vida.

EFEMÉRIDES

(Menorca, 29 de septiembre de 2023)

61 a. C. El general romano Pompeyo celebra su tercer triunfo en su 45 cumpleaños después de derrotar a los piratas del este y conmemorando nuevamente su victoria en las guerras mitridáticas de hace dos años.

480 a. C. La batalla de Salamina enfrenta a las flotas ateniense y persa.

1864 Se firma el Tratado de Lisboa entre España y Portugal, en el que se fijan las fronteras hispano-lusas.

1906 En Cuba se constituye un Gobierno provisional a cargo de EE. UU.

1909 Se crea la Real Federación Española de Fútbol (RFEF).

1923 Gran Bretaña asume oficialmente el control de Palestina, confiado por la Sociedad de Naciones tras la I Guerra Mundial.

1954 Se crea la CERN (Organización Europea para la Investigación Nuclear).

1964 La revista bonaerense *Primera Plana* comienza a publicar una nueva tira cómica del humorista y dibujante Quino, con Mafalda como protagonista.

1977 Se establece en España la Generalitat de Cataluña, por decreto ley del Gobierno de Adolfo Suárez.

1988 Tras el desastre del Challenger, la NASA recupera el prestigio perdido con el lanzamiento de una misión tripulada a los mandos del Discovery.

1993 El Tribunal Supremo absuelve a 15 parlamentarios de HB acusados de injurias al rey, durante un incidente registrado en la Casa de Juntas de Gernika en 1981.

1994 El belga Willy Claes es elegido secretario general de la OTAN.

2005 Argelia aprueba en referéndum, con el 97,36 % de los votos, la Carta para la Paz y la Reconciliación Nacional.

2020 La COVID-19 se cobra ya más de un millón de muertos en el mundo según la OMS.

2023 Silvina se marcha en el vuelo B-914 rumbo a Barcelona, yo me detengo en un bar a desayunar y observo a través de la ventana una bandada de pájaros, me digo a mí mismo: «¡Qué efímera resulta la vida!», y reafirmo el derecho a la utopía, a vivir sin miedos ni espinas.

CREDO

Creo en ti, en tus ojos soñadores,
en el calor de este incendio al tocarnos,
creo que sin buscarnos nos encontramos
entre millones de miradas y latidos.

Creo en ti, en esos ojos solidarios y transparentes
que transforman y reconstruyen los puentes
de lo que antes parecía lejano
y hoy se torna caricia.

Creo en ti, en el horizonte de tu pecho amplio,
en nuestros pasos cortos
por caminos sin entradas ni salidas,
en las calles inundadas por el canto de los pájaros.

Creo en ti, en la libertad que desprenden tus alas,
en la tregua que firman nuestros cuerpos ante el fuego del deseo,
en la sed de ti saciada por tu boca y tu abrazo.

Creo en ti, en el dogma de este misterio que se escribe
en el «nosotros»,
en el ser que habita en ese cuerpo alado que a mi lado camina,
en el perfume de tu piel de escarcha al alba
que me guía desprendiendo azahares y risas.

Creo en ti, en tu vientre desnudo de fecundidad luminosa,
en los almendros que deshaces con tu dulzura caudalosa,
en el latir bullicioso de tu corazón alborotado.

Creo en ti, entre tu boca y la tierra
las espigas y los nardos florecen,
en tu transparente alma se refleja mi trasparente alma,
luego de tantas vidas, compañera mía,
al fin nos hemos encontrado.

HUÉRFANOS

Huérfanos,
cada vez más huérfanos,
cada cual en lo suyo,
como cuervos sobrevolando avenidas desiertas
o paseantes congelando momentos.

Huérfanos,
cada vez más huérfanos,
no por el paso del tiempo, el abandono
o por transitar lo intrínseco de la vida
en el mero hecho de existir.

Huérfanos en trenes repletos de otros
que chocan de frente,
en multitudes peregrinando dogmáticas normas,
en libros con páginas que sobran, faltan o esperan.

Huérfanos,
cada vez más huérfanos,
juntando los pedacitos rotos esparcidos por el aire,
con o sin nosotros, en la plenitud del ahora
que se concibe en el momento preciso.

Hoy me siento sin ti más huérfano,
más libre tal vez,

pero más huérfano, como un pasillo estrecho
o una luz de neón tiritando al final de la calle,
como un dolor en el pecho
cerquita del *cuore* que no sé de dónde viene
ni cuándo se marcha.

HOMO BELLICUS

(Menorca, 12 de octubre de 2023)

Dios dijo: así la luz, y se hizo la luz;
así el vergel y se hizo la naturaleza;
así el humano, y se hizo la guerra.

Que las metralletas y los tanques disparen papel picado,
caramelos o pájaros,
que el vientre de los misiles
esparza semillas de flores y trigo,
que la guerra sea prohibida
y con ella la injusticia y la muerte.

Que los gases contaminantes
se conviertan en gotas de lluvia pura,
que los corazones secos renazcan plurales,
que ejércitos defiendan la libertad de las almas.

Que un kilo de abrazos
valga más que un kilo de balas,
que la única esquina que exista
sea la que esconde al miedo por ser desterrado,
que el hambre no exista, ni la gula o la desidia,
que habitar no dependa de candados y llaves.

Que tu risa sea mi escudo y mi espada,
que estallen conflictos solo en divertidas piñatas,
que los niños se rían hasta que se llenen de arrugas,
y el olvido destierre al ostracismo, al egoísta y al necio.

Que los aviones les dejen el cielo a las aves,
y los coches sean un artefacto *de facto*,
que la tecnología no tenga conciencia,
que las mujeres y los hombres sean fraternos hermanos
y las diferencias sean las que nos enseñen
a amarnos.

NI PRINCIPE AZUL NI ÁNGEL

Ni príncipe azul ni ángel
ni risa ilusionada ni injuriosa desidia
ni un motivo casual ni un perfecto egoísta
ni tu sombra ni mi vida.

Ni un ser imaginario ni el más cruento realista
ni me faltas aquí ni me sobran contigo
ni me pesan tus ojos ni te elevan mis alas
ni el mejor de todos ni la parte que falta.

Ni el compás ni la escuadra
ni la noche más amplia ni el día escarlata
ni nube ni escarcha
ni el secreto del cómo ni el presagio de nada.

Ni galán ni galera
ni espejismo ni espada
ni la última estrofa ni la herida cerrada
ni tu nombre en el viento ni una huella gastada.

Ni entre un eco de voces ni en singular despedida
ni te cases los martes ni con soledades convivas
ni te mueras de hambre ni te compres la vida
ni un extraño lucero ni un errático enigma.

Ni entelequia de Dios ni fatal desengaño
ni el puñal y las rosas ni un sueño mojado
ni una esquina en el mar ni un mártir alado
ni cayuco en el arrabal ni tus pensamientos despeinados.

Ni me eches de menos ni me llames artista
ni la eternidad de este instante ni un placebo hedonista
ni la cura de sueño ni el insomnio egoísta
ni príncipe azul ni ángel.

Ni verdad ni mentira.

DE TI

A solas conmigo mismo,
en silencio
oyendo cada latido
viajando por los bosques
que no consumió este fuego;
te veo entre las siluetas que se transparentan
detrás de los recuerdos.

Ahora que tu abrazo es mesa,
que el amor inunda
todas las direcciones;
donde antes habitaban golondrinas
hoy yacen nidos,
donde prefiero ser semilla que fruto, aire que tierra.

Grito de mi voz callada
que a tus oídos llega en forma de caricia
para contarte de mí, de mi amor por ti,
una a una las capas que cubrían
mi palacio al ver tu mirada claudican,
el amor y el misterio
entre nosotros encendió su llama.

LAS AFORTUNADAS

(A las islas Canarias)

Siete estrellas parpadean en el atlántico
firmamento,
piel de volcanes y musgo,
serpenteando la parte más austral y caliente
de este astro (vientre de fuego y ceniza),
tu cuerpo de tierra y piedras
duerme hoy en el lecho de mi memoria;
vivencias que te traen y te nombran como un refugio
en la espesura del tiempo y el olvido.

Cada cual conoce su historia y la ofrece
en el libro de la vida en algún momento preciso,
hijas de ese padre que también fue desterrado
al ostracismo de luchar por cada suspiro,
afortunadas, islas blancas como impalpables nubes solitarias,
allí donde el sur es más centroamericano
y el norte se quebró en un suspiro de polvo
entre pañoletas rojas y quimeras.

Siete hojas de un árbol terroso en el mar,
oasis de fuego que los desiertos atesoran y protegen,
vellocino plural de coral distante,
donde parte de mí vivió, vive y vivirá,
allá lejos donde las constelaciones guían los cayucos perdidos,

donde la arena negra se desvanece entre las manos
transparentes y abundantes del mar
donde el blanco, el celeste y el amarillo
en un grito vano y resiliente claman por ¡libertad!

VERDES Y BLANCOS

(A Andalucía)

Golpes en la fragua,
gota a gota
las voces surcan el eco de la tierra.

Hoy renacen en mí (tus gitanos luceros)
enredándose en el fino pelo
de este atardecer flamenco y empedrado.

Sale del cielo constelado y lejano (la luna)
los campos se pueblan por el canto melancólico
y resquebrajado del viento.

Entre azules añiles y ocres
los olivos enlutados de roja sangre
ocultan entre sus brazos el rastro de un hijo perdido.

¿Quién sabe? (si el velo guarda u oculta tu rostro)
detrás de cada verde esperanza
se ciernen el trigo, la hoz y el martillo.

Gitana, asómate por tus balcones de oro y plata
mientras lunares y claveles adornan
el paso de los pies desnudos sobre el espejo impío.

ESPERANZA

Tu mirada tiene el color del agua,
tu cuerpo, mujer,
ese colador de puntos crepusculares
que ciega mis ojos y preda cada minúscula
voluta de calma en mí,
desatas con tu respiración el deseo,
escamas mi piel de rosas y fuego,
eres templanza en tempestuosas batallas
entre sábanas y espadas sedientas de sangre.

Tu espalda alada habita salvaje
en ese pretérito lugar;
donde los huesos y la carne son limítrofes patrias,
y nuestras frágiles lágrimas
costa y faro,
navegantes salvajes
entre minúsculas islas de pétalos,
ante perpetuos espejos
nuestras ramas desnudas se abrazan.

Los labios pronuncian vocablos; sudan azahares,
la sustancia del tiempo
en el infinito dicta
su fulgor indómito;

de hijos perdidos ante el embate del menguante eco
tú y yo, manzanas prohibidas,
eternos en la acción del inicio
como el minotauro en el laberinto del amor;
presos.

«A mi familia y a quienes se adentran
en los senderos floridos que aroman la vida,
con tenacidad, intuición y alegría».

S. U.

ÍNDICE

Este libro se terminó de editar en Granada
en septiembre de 2024 por

www.aliarediciones.es
info@aliarediciones.es